AF230847

OR
440

LE ROI LOUIS Ier DE PORTUGAL

ET

LE DUC DE SALDANHA

Imp. de L. Toinon et C°, à Saint-Germain.

LESSINNES

———

LE ROI LOUIS Iᵉʳ DE PORTUGAL

ET

LE DUC DE SALDANHA

PARIS

LIBRAIRIE INTERNATIONALE
15, BOULEVARD MONTMARTRE
A. LACROIX, VERBOECKHOVEN ET Cᵒ
A Bruxelles, à Leipzig et à Livourne

—

1870

LE ROI LOUIS Ier DE PORTUGAL

ET

LE DUC DE SALDANHA

———

I

Une conjuration, digne de tenter la plume d'un nouvel abbé Vertot, vient d'attirer l'attention sur un pays aimé de l'Europe et sur deux hommes distingués dont la civilisation attend beaucoup. L'arrivée du *maréchal Saldanha* au pouvoir ne produira pas seulement un mouvement libéral à l'intérieur du Portugal : cela n'intéresserait que les patriotes seuls ; mais elle aura encore une influence sur la politique générale et pourra hâter le triomphe de certaines larges idées internationales, dont la prompte intelligence du *roi Louis I*^{er} comprendra facilement l'importance et que sa courageuse initiative se plaira peut-être à favoriser.

Une entente, plus complète qu'on ne le croit
généralement après le coup d'État de l'autre se-
maine, doit exister en effet entre le jeune souverain et son ministre.

Les hautes charges du duc de Saldanha à la
Cour et particulièrement auprès du roi Ferdinand
donnent assez de consistance à la supposition de
combinaisons préparées sous main et dans lesquelles trempait le roi Louis, ainsi que son père
et une partie de leur entourage.

Si, d'ailleurs, l'entière exactitude des récits
qu'on a produits était constatée, on n'en pourrait
point conclure que le but dernier du duc et de ses
amis n'est pas le bien de leur patrie. Ils auraient
tout au plus devancé le moment de la victoire
libérale en Portugal par des moyens qu'ils n'étaient
pas libres de choisir et que les hommes d'énergie,
d'impatience et de conviction trouveront toujours
les meilleurs, en présence d'adversaires obstinés
et aveugles, et dont la faiblesse ne fait que gran-
dir la folle ambition.

En tout cas, les neuf années écoulées du règne
de Louis Ier attestent qu'en approuvant le maréchal, le roi a cru agir pour le bonheur du Portugal ; et la vie entière de Saldanha prouve que ce
même bonheur était la raison de sa hasardeuse
tentative.

Il ne faut pas juger les hommes sur une seule

de leurs actions prise isolément. Quand l'une
d'elles étonne, on doit étudier toutes les autres,
pour les appeler en quelque sorte en garantie de
la loyauté et de l'honneur constants de ceux que
nous soumettons à nos critiques.

Un roi n'agit point par peur, mais par réflexion
et conformément à son passé; — et un vieux sol-
dat, éprouvé par de longues luttes, ne risque
pas le repos de ses dernières années pour la
vaine satisfaction d'occuper un pouvoir, qu'il a
du reste déjà connu à plusieurs reprises. Si tous
deux se montrent, à un moment, autrement
qu'ils ne paraissaient, c'est que le bien de leur
pays le leur commande; si pour un instant ils
semblent cesser d'être eux-mêmes, c'est pour faire
reprendre à leur généreuse nature, par un
brusque mouvement, ses élans et son caractère
réels.

Quelle est la vie du roi Louis Ier? Quelle est celle
du maréchal? Ni l'un ni l'autre ne se sont jamais
lassés d'aimer et de servir le Portugal. Par ce
qu'ils ont toujours fait, on verra que ce ne sont
pas de vaines et vulgaires considérations qui ont
inspiré chacun d'eux dans sa conduite de ces
derniers temps; mais on verra surtout ce qu'ils
pourraient accomplir en s'aidant mutuellement
de leur patriotisme, en se fortifiant réciproque-
ment de leur généreuse passion pour le bien,

pour la grandeur de leur nation et pour le triomphe des idées qui font la force et la dignité des petits États.

II

Le roi dom Pedro venait de succomber sur un de ces champs de bataille non moins glorieux que ceux où le sang coule par ordre des souverains. Dans une visite à des malades épidémiques, il avait contracté les germes du mal qui l'emporta subitement. — Le duc d'Oporto, son frère, capitaine commandant la corvette *Bartholomeu-Diaz*, lui succéda sous le nom de Louis Ier, en novembre 1861, à l'âge de vingt-trois ans.

Quels que soient la Constitution d'un pays, ses troubles intérieurs et les rivalités de ses hommes d'État, le pays progressera, se fera un nom dans l'époque, se créera une influence sur le progrès et sur l'avenir, si le souverain le veut ; — si, surmontant énergiquement les difficultés incidentes, ce souverain s'ingénie à imprimer un cachet particulier à son règne ; — si, disposant des mille moyens qui sont en son pouvoir, il puise en son cœur, en son activité virile, en son initiative personnelle, la volonté de se distinguer et l'orgueil légitime de faire sortir de pair sa patrie.

L'histoire portugaise des dernières années le prouve. Elle fourmille d'actes importants, de décisions généreuses, d'innovations conformes à l'esprit de liberté moderne. Les divers ministres qui, en si peu d'années, ont tenu les rênes du pouvoir ont sans doute une part à revendiquer dans la régénération vigoureusement entreprise du Portugal. Mais, devant tant de générosité, de franchise, de loyauté, devant tous ces sentiments dont l'ardeur embellit et active cette période de l'histoire, nul ne peut nier qu'un homme jeune, convaincu, ami de la liberté et du progrès, a imprimé à tous ces actes la noble marque de ses courageux efforts.

Le traité de Tien-Tsin est venu céder définitivement, en 1862, la presqu'île de Macao au Portugal. L'adhésion au Congrès européen proposé par Napoléon III attesta, en novembre 1863, que Louis Iᵉʳ sympathisait avec les grandes idées. L'année 1865 vit réussir parfaitement une première exposition internationale à Porto; et celle de 1867, s'introduire définitivement le système métrique décimal pour les mesures. La décentralisation prit bientôt son premier essor grâce à la division du royaume en départements. La justice, jusque-là si facile pour les grands dans les pays

méridionaux, reçut un éclatant hommage par la
constitution, en haute-cour, de la Chambre des
Pairs appelée à juger un de ses membres. L'aban-
don spontané d'une partie de sa liste civile prouva,
en 1868, le désintéressement royal, qui s'affirma
encore d'une façon plus accentuée en 1869 par le
loyal refus de toute candidature au trône d'Es-
pagne. D'un autre côté, la date de février 1868
restera impérissable dans les annales de la civilisation et glorifiera, plus que tout, le nom royal;
ce fut alors, en effet, que Louis Ier décréta l'abo-
lition de l'esclavage dans les possessions portu-
gaises. Enfin, la vente des biens du clergé et de
ceux des municipalités fut une des nombreuses
et radicales mesures, auxquelles la nation devra
la restauration de ses finances.

Pour les princes, comme pour tout le monde, il
vaut, sans contredit, mieux être un honnête homme
qu'un grand homme; mais un prince capable
d'apprécier à la fois l'honnêteté et de la pratiquer
dans l'exécution des grandes choses qu'il médite,
est au-dessus de tout éloge; il a droit à l'amour
des peuples, à l'estime de l'histoire, et le progrès
est sûr de toujours posséder en lui un judicieux
protecteur. Qu'est-ce, en effet, que le progrès
réel, sagement interprété, si ce n'est la loyauté
et l'honneur appliqués à la recherche du bonheur
des masses? Toute nouveauté quelconque, pourvu

qu'elle n'offense pas la morale, sera étudiée et comprise par un pareil prince. Il dédaignera le repos, pensant que qui s'arrête recule; son influence morale, conquise par sa persévérante ardeur à vouloir toujours le mieux, grandira dans le monde et rejaillira sur son pays.

L'importance du territoire n'est comptée pour rien dans la balance du progrès. Les peuples qui marchent reconnaissent pour frères, pour alliés naturels les autres peuples, même numériquement inférieurs, qui travaillent, luttent, cherchent leur place au radieux soleil de la civilisation et appellent la liberté sans cesse plus vivace, sous la conduite d'un prince énergique et éclairé.

III

Le duc de Saldanha, par ses services passés, son expérience, son caractère d'initiative et sa popularité, était naturellement appelé à concourir, avec son jeune souverain, à l'accomplissement des grandes œuvres réclamées par le temps présent. — Mêlé à toutes les crises nationales depuis le commencement de ce siècle, il n'ignore, en ce qui concerne l'intérieur, ni les besoins, ni

les défauts, ni les qualités ; il sait ce qui doit être
fait promptement et ce qui ne doit pas l'être. —
A l'extérieur, il a acquis une profonde connais-
sance des hommes et des questions, et saura
mettre à profit, dans un intérêt patriotique, les
illustres amitiés dont il est honoré aux quatre
coins du monde.

Jadis, il pouvait passer pour trop avancé dans
ses différents ministères. Il est aujourd'hui tel
que l'exige la marche des affaires.

Honneur aux hommes d'État qui savent « pré-
venir » leur époque, et se sont élevés de façon
à ne jamais se trouver sans défense devant les
utopies du siècle. Tout prince, tout politique doit,
par une éducation large et avancée, aller au-de-
vant des maux que produit l'imagination des
rêveurs modernes : aucun projet ne le surpren-
dra. En concédant graduellement tous les progrès réalisables parce qu'il les connaît, il se pré-
munira en même temps contre l'inertie de ceux qui
l'entourent et contre l'impatience fiévreuse des
mécontents. Savoir être prudent et toujours avan-
cer quand même est le problème, qu'une vie, dé-
gagée des ambitions de la jeunesse et des satisfactions d'amour-propre toutes obtenues par lui,
permettra au maréchal de résoudre avec succès.

Au commencement de ce siècle, le duc de Saldanha n'abandonna point d'abord pour le Brésil, comme tant d'autres, la terre natale. Il fut conduit prisonnier en Angleterre par les troupes de Wellington ; il dut alors passer au Brésil, où il se distingua également dans les armes et dans la diplomatie. Rentré en Portugal avec ses anciens souverains, il se souvint qu'il était petit-fils de l'illustre marquis de Pombal, et dirigea (1825) le ministère des Affaires étrangères; tour à tour gouverneur d'Oporto et vainqueur des Miguelistes, il subit une disgrâce de la Régente et se retira en Angleterre. Il en revint pour commander le soulèvement libéral. Le succès ne couronnant pas ses efforts, il parcourut encore l'Angleterre et la France. Bientôt il prit les armes pour dom Pedro, et fut nommé son généralissime, accomplit la glorieuse expédition des Algarves, prit Lisbonne, et signa avec don Miguel la capitulation d'Evora (1834). Nommé dès lors maréchal, il eut le portefeuille de la guerre (1835) ainsi que la présidence du Conseil. Des désenchantements politiques décidèrent le duc à voyager. Après dix ans, il revint à l'appel de la Reine, lors des terribles émeutes.

Ministre en 1847, il dédaigna de faire partie de l'administration sous la dictature de Costa-Cabral; mais en 1851 il remonta au pouvoir, et le garda cinq ans malgré les difficultés de toute nature , suscitées sous la minorité des Princes.

Le règne de dom Pedro II ne le vit point négliger les affaires publiques, mais il se tint constamment à la tête de l'opposition et sut servir son pays dans toutes les questions où ses hautes et universelles capacités étaient requises. Représentant à Paris le Portugal en 1869, il alla, défiant toutes les fatigues, plusieurs fois à Lisbonne pour aider le gouvernement de son influence considérable; mais il dut, dans un intérêt national, abandonner son poste et reprendre à la tête de l'opposition, dans la Chambre des pairs, ce rôle immense, dont peu de personnages, même marquants, ont été honorés et qui vient d'aboutir à la présidence du Conseil.

Homme d'action et de pensée, le maréchal Saldanha apporte, dans la première charge du royaume, la ferme volonté de faire le bien, et il le fera puisqu'il en a l'idée. Sa vie toute entière atteste qu'un pareil homme sait triompher, surtout quand le bonheur de ses compatriotes et la gloire de son souverain sont en jeu. Le maréchal a voulu donner à sa vie une fin superbe. Il a désiré un rôle au-dessus des forces ordinaires de notre génération ; l'Europe ne sera pas déçue en attendant de grands actes de son passage au gouvernement portugais.

IV

Le Souverain et son ministre sont donc capables tous deux de comprendre et d'appeler les bienfaits de la civilisation et de pratiquer, en toutes les questions, le libéralisme dans la haute et large acception de ce mot.

Qu'est-ce que le libéralisme réel? Trouvez une autre expression si vous voulez ; quant à nous, nous entendons par là l'amour de tout ce qui est grand, humain et généreux, de tout ce qui, dominant les passions égoïstes de coterie, les vulgaires sentiments et les bas intérêts personnels, glorifie, en tout, la justice, glorifie la vérité, la tolérance et la liberté saine et robuste, — enfin, de tout ce qui, facilitant les progrès matériels, honore en même temps l'idée morale, trop négligée aujourd'hui dans tous les camps.

Ce libéralisme veut, à l'intérieur, l'égalité de tous les partis et l'union de tous les hommes, et à l'extérieur la fraternité entre les nations et la mise en pratique d'idées nouvelles, sur lesquelles il importe de s'étendre : Les circonstances ayant mis en vue le Portugal, c'est à lui, plutôt qu'à

un autre qu'incombe la première démarche en faveur des projets de civilisation dont nous parlons.

L'égalité de toutes les nations dans une pensée
civilisatrice, est réclamée : plus de pays inférieurs.
Petits et grands, ils appartiennent tous à l'humanité. Guerre au vieux et faux système de l'équilibre
européen, qui a eu son utilité, mais qui ne répond
plus aux idées ni aux exigences du temps et qui
ne profite plus qu'à la gloriole de quatre grands
gouvernements, Russie, Prusse, Angleterre, Au-
triche. J'excepte à dessein la France impériale,
qui est au-dessus, comme nous le verrons, des
calculs mesquins et égoïstes. Enfin l'état de nature
dans lequel vivent les peuples entre eux, est con-
traire à tout progrès, et le droit international doit
reposer sur une base plus conforme à notre esprit
moderne. Voilà, à grands traits, les changements
et les projets que l'entente des petits États doit
faire prévaloir en Europe.

Détaillons, si vous le voulez bien :

L'équilibre européen ne s'appuie que sur le
culte de la force brutale : place au plus fort, res-
pect au plus fort. Mais l'Europe entière est-elle
satisfaite, quand quatre grands États se sont en-
levé ou donné assez de force pour n'avoir à se
craindre ni l'un ni l'autre et pour être égaux en
puissance ? Ce souci de l'égalité numérique, cette
crainte réciproque ne dirigent-ils pas vers des

idées de brutalité, de conquête, de triomphe matériel, des efforts, qui pourraient être plus utilement, plus humainement employés?

Aussi, que voit-on ? En fait de civilisation véritable, les petits États, qui n'ont point ces soucis, ont de beaucoup devancé les autres; ils ont leur utilité, leur gloire pacifique. La Belgique, pour ne citer d'elle qu'une seule grande œuvre, n'a-t-elle pas été la première sur le continent à établir un système complet de voies ferrées ? La Bavière n'a-t-elle pas réveillé l'art antique, et sa capitale n'a-t-elle pas reçu légitimement le surnom d'Athènes du Nord? Les États pontificaux n'ont-ils pas continué à arborer le drapeau inébranlable de la grandeur morale et de la religion catholique? Le Portugal n'a-t-il point, avec tant d'autres progrès réels, montré au monde un souci louable des grandes questions à l'ordre du jour en abolissant la peine de mort? La Suède n'a-t-elle point résolu une autre question en adoptant l'obligation de l'instruction ? Le Danemark lui-même, dans ses glorieuses défaites, n'a-t-il point montré ce grand cœur qui saurait devancer les autres États dans l'amour de la justice et du progrès? La Suisse n'a-t-elle point fourni depuis longtemps l'exemple d'une constitution et d'une fédération, qui, pour n'être pas à imiter, n'en sont pas moins des problèmes déjà résolus chez elle, et qui sont

encore à l'étude chez un grand nombre de philo-
sophes ?

Enfin, chaque petit État a apporté sa pierre, si
petite qu'elle soit, à l'édifice de la civilisation, ou
du moins a cherché, fait un effort si minime qu'il
fût.

Que ne ferait pas l'Europe, réunissant les efforts
de tous ces petits États et ceux des grandes puissances aujourd'hui absorbées encore par d'égoïstes
intérêts ?

L'Europe doit devenir une *Confédération*. Le
grand génie de Napoléon Iᵉʳ y tendait et les con-
temporains n'ont vu malheureusement que les
douloureux efforts sans apercevoir le but.

« Prompt à saisir la tendance de la civilisation,
» écrit le profond auteur des Idées Napoléonien-
» nes (1), l'Empereur en améliorait la marche, en
» exécutant sur-le-champ ce qui n'était renfermé
» que dans les lointains décrets de la Providence.
» Son génie lui faisait prévoir que la rivalité qui
» divise les différentes nations de l'Europe dispa-
» raîtrait devant un intérêt général bien entendu.

» Plus le monde se perfectionne, continue le
» même écrivain, plus les barrières qui divisent
» les hommes s'élargissent, plus il y a de pays
» que les mêmes intérêts tendent à réunir.....

(1) Chapitre v : *But où tendait l'Empereur. Association européenne.*

» Remplacer entre les nations de l'Europe
» l'état de nature par l'état social, telle était la
» pensée de l'Empereur : toutes ces combinaisons
» politiques tendaient à cet immense résultat ;
» mais pour y arriver, il fallait amener l'Angleterre
» et la Russie à seconder franchement ses vues.

« *Tant qu'on se battra en Europe*, a dit Napo-
» léon, *cela sera une guerre civile.* »

« *La sainte alliance est une idée qu'on m'a volée,* »
» c'est-à-dire, la sainte alliance des peuples par
» les rois et non celle des rois contre les peuples.
» Là est l'immense différence entre son idée et
» la manière dont on l'a réalisée. Napoléon avait
» déplacé les souverains dans l'intérêt momen-
» tané des peuples ; en 1815 on déplaça les peuples
» dans l'intérêt particulier des souverains ; les
» hommes d'État de cette époque, ne consultant
» que des rancunes ou des passions, basèrent un
» équilibre européen sur les rivalités des grandes
» puissances, au lieu de l'asseoir sur des intérêts
» généraux. Aussi leur système s'est-il écroulé de
» toutes parts.....

» ..... Si la fortune ne l'eût abandonné, il
» (Napoléon Iᵉʳ) aurait eu dans ses mains tous les
» moyens de constituer l'Europe ; il avait gardé
» en réserve des pays entiers dont il pourrait
» disposer pour atteindre son but : Hollandais,
» Romains, Piémontais, habitants de Brême et

» de Hambourg, vous tous qui avez été étonnés
» de vous trouver Français, vous rentrerez dans
» l'atmosphère de nationalité qui convient à vos
» antécédents et à votre position ; et la France,
» en cédant les droits que la victoire lui avait
» donnés sur vous, agira encore dans son propre
» intérêt ; car son intérêt ne peut se séparer de
» celui des peuples civilisés. Pour cimenter l'as-
» sociation européenne, l'Empereur, suivant ses
» propres paroles, eût fait adopter un Code euro-
» péen, une cour de cassation européenne, re-
» dressant pour tous les erreurs, comme la cour
» de cassation en France redresse les erreurs de
» ses tribunaux. Il eût fondé un institut européen
» pour animer, diriger et coordonner toutes les
» associations savantes en Europe. L'uniformité
» des monnaies, des poids, des mesures, l'uni-
» formité de la législation eussent été obtenues
» par sa puissante intervention.....

» ..... La dernière grande transformation eût
» donc été accomplie pour notre continent..... les
» intérêts européens auraient dominé les inté-
» rêts nationaux et l'humanité eût été satisfaite :
» car la Providence n'a pu vouloir qu'une nation
» ne fût heureuse qu'aux dépens des autres et
» qu'il n'y eût en Europe que des vainqueurs et
» des vaincus, et non des membres réconciliés
» d'une même et grande famille. »

V

Les petits États sont pour ainsi dire la parure de l'Europe : ils doivent en être l'orgueil ; ils ont marché, prospéré, moralement grandi. A eux de prendre un rôle de conciliation et de fraternité que Napoléon Ier a convoité et dont l'ont éloigné les obstacles suscités par la routine. Nous sommes au siècle où la force morale prime la force musculaire ; et c'est pourquoi les petits États, forts de leur union, atteindraient facilement au but que s'était proposé le grand Empereur.

Ils ne pourront pas cependant arriver à une entente complète, tant dans l'ensemble que dans les détails de leur œuvre colossale, sans recourir à la prédominance d'une grande puissance. Ils tendent à une œuvre de progrès, à un changement dans les rapports internationaux : c'est une nation de progrès, une nation de caractère, d'initiative qui doit les seconder.

Sera-ce l'Angleterre ?... Mais l'Angleterre n'a pas, jusqu'ici, beaucoup aidé les petits États qui auraient peut-être pu solliciter d'elle un peu de protection. Voyez la Turquie, qui ne s'est pas

relevée de son agonie, malgré l'intérêt que prend
la superbe Albion à sa caduque amie. Le Danemark et tant d'autres modestes États ne devaient-
ils pas croire recevables leurs demandes d'appui
à des époques douloureuses de notre xixᵉ siècle ?
Il est vrai que l'Angleterre a pour excuser son
attitude ce grand besoin de se répandre par-
tout, excepté en Europe, en vue des intérêts de
la Cité Londonnienne. Ne peut-on pas dire que
l'Angleterre cherche à entraîner les petits États à
sa suite, pour les mener dans les aventures com-
merciales et dans des combinaisons auxquelles la
vraie civilisation n'a rien à voir? L'Angleterre est
hors du continent; elle sera peut-être un jour
hors d'Europe; l'argent seul est sa force, et dans
le monde moral, qui domine et vivifie tout, l'argent
n'est rien qu'un instrument.

L'Angleterre est-elle l'amie du vrai progrès?
Par la combinaison ingénieuse mais puérile des
coutumes anciennes avec l'esprit moderne, elle
prouve son hypocrisie, son étroitesse d'esprit,
diraient les méchants : mais nous ne le dirons pas.
C'est un pays appelé un jour à être la transition
entre tous les pays commerciaux. Mais de même
que Rome vainquit Carthage, parce que Rome
était le véhicule de la civilisation et Carthage celui
du commerce, de même la France, en tout et toujours, vaincra l'Angleterre. L'une porte, dans les

serres de ses aigles, le progrès moral autant que matériel : l'Angleterre, il faut en convenir, n'est qu'une marchande, et Dieu sait si la haute morale, base de toute civilisation, a rien de commun avec le mercantilisme, réprouvé depuis les temps les plus chevaleresques jusqu'à nos jours; le progrès réel, sérieux, largement humain vient de plus haut que le commerce, qui n'ayant guère souci de la morale, ne fait que des riches; la civilisation fait des hommes.

VI

C'est donc à la France qu'est dévolue la mission de réunir toutes les forces éparses dans les petits États.

Napoléon III, après avoir défini la théorie humanitaire et européenne de Napoléon Ier, a su en appliquer les larges idées. Sans doute, il s'est écarté des routes battues en aidant l'Italie à se constituer Une, et en assistant froidement à l'édification de la Confédération allemande du Nord. Il est allé droit au seul chemin de l'union et de l'égalité entre tous les Européens, et il a étonné les esprits qui passaient pour les meilleurs. Il a trouvé égoïste la civilisation qui ne s'adressait qu'à un seul pays, et il a voulu étendre les rayonnements du progrès et de la fraternité. C'est là l'œuvre d'un prince digne de commander à une grande nation, aussi grande peut-être par sa générosité que par sa force.

En politique internationale, Napoléon III a fait du nouveau : il a fait grand. Loin de lui les petits calculs, qui cherchent de vaines satisfactions dans des annexions contraires à la vie des peuples qu'il aurait pu convoiter. Il s'est souvenu que la France est assez grande et que celui qui la dirige reçoit tous les hommages qu'un homme peut désirer. Il a compris qu'avant tout, les peuples aujourd'hui veulent leur propre bonheur, s'inquiétant médiocrement de l'ancienneté de la dynastie qui les gouverne : il sont avec ceux qui les gouvernent bien. — Et dans la joie du nouveau triomphe qui vient d'acclamer sa politique, Napoléon III n'a pu que puiser de nouvelles raisons de rester au-dessus du reproche d'être un conquérant : il est et reste un civilisateur.

VII

Sous la direction de la France, les petits États pourront et feront beaucoup, et s'il appartient au Portugal, admirablement en situation pour le moment, d'imprimer le premier mouvement de marche, le Portugal le doit à ce qu'il n'est pas neutre.

Enfant de la Belgique et patriote sincère, nous n'avions pas de plus vif désir que de voir semblable mission échue à notre patrie; mais sa neutralité l'enchaîne. Malgré les talents éminents qui, soit dans le ministère, soit dans les chambres, soit dans l'administration, répondent, en leur conscience, au mouvement progressif des petites nations, la Belgique, malgré son énergie et son activité, n'a droit qu'au silence! Trente-huit ans d'abnégation, de grandeur et de vertu ne paraîtront-ils pas suffisants à l'Europe pour émanciper de cette tutelle notre généreux petit pays? Le stage de la Belgique qui n'a pas été sans gloire, finira, sans doute, le jour où elle le demandera. Et alors elle montrera ce qu'est un pays réellement libre, réellement constitutionél.

VIII

Belgique, Hollande, Danemark, Suède, Suisse, Portugal, peuples de liberté ! isolés, vous serez sans force. Vous serez des peuples géants si vous vous entendez. — Ayez enfin le courage d'afficher votre tristesse légitime d'être dédaignés aux pages où l'histoire est brillante et d'être maltraités, malgré vos services à l'humanité et malgré vos qualités, les jours où les grandes nations brutales reprennent leurs instincts sauvages. Ayez le courage de suivre vos impulsions du cœur et, sous la conduite de la France, de marcher à la tête du monde. Vous avez l'intelligence, l'énergie, et de plus cette supériorité, qui, chez les nations comme chez les individus, naît de la force morale et du désintéressement ainsi que de la satisfaction d'un grand devoir accompli.

IX

Au roi Louis Ier de Portugal, que les circonstances favorisent, et à son ministre, le duc de

Saldanha, que le succès a fortifié, appartient la gloire d'entreprendre en faveur des petits États une glorieuse campagne et de proposer, pour commencer, l'exécution de ces idées de détail : monnaie uniforme, union douanière, etc., etc.

La conjuration du Portugal doit produire de grands et utiles résultats ; aux grands cœurs, les grands actes : l'Europe les attend. Les petits États les espèrent.

FIN

Imp. L. TOINON et Cie, à Saint-Germain en Laye.